EIN APPELL VON

MICHAIL GORBATSCHOW

AN DIE WELT

2. Auflage

Medieninhaber, Verleger und Herausgeber:
Red Bull Media House GmbH
Oberst-Lepperdinger-Straße 11–15
5071 Wals bei Salzburg, Österreich

Mitarbeit am russischen Original: Karen Karagesjan

Satz: MEDIA DESIGN: RIZNER.AT
Gesetzt aus der Palatino, New Baskerville, Trade Gothic LT
Umschlaggestaltung: b3K design, Andrea Schneider, diceindustries
Foto Umschlag: © Kommersant Photo/Kontributor
Foto Seite 4: © Bigi Alt; Foto Seite 7: © Dmitrij Belanowskij;
Foto Seite 56: © Jurij Lisunow
Printed in Austria

ISBN 978-3-7109-0016-7

EIN APPELL VON

MICHAIL GORBATSCHOW

AN DIE WELT

MIT FRANZ ALT

Kommt endlich zur Vernunft –

NIE WIEDER KRIEG!

Aus dem Russischen übersetzt
von Marina Cronauer

SALZBURG – MÜNCHEN

VORWORT

Der große Versöhner aus Moskau

Ein grauer Herbsttag 2016 in Moskau. Wir, das sind Michail Gorbatschow, seine langjährige Dolmetscherin Marina Cronauer, sein enger Vertrauter Wladimir Poljakow und ich, sitzen im Arbeitszimmer der Gorbatschow-Stiftung, um abschließend und nur leicht kontrovers den Text dieses kleinen Buches zu diskutieren. Hinter Gorbatschow ein großes eindrucksvolles Bild des heiligen Berges der Japaner, des Fujiyama. An den Wänden Fotos von Gorbatschow mit US-Präsident Bush, mit Helmut Kohl, mit Hans Dietrich Genscher und besonders viele Bilder von und mit Raissa Gorbatschowa.

Draußen fällt erster Schnee. Das frostige Moskauer Wetter passt gut zum derzeitigen Klima zwischen Russland und dem Westen. Doch Michail Gorbatschow spricht auch jetzt unerschütterlich von »möglicher Versöhnung« und erinnert daran, dass selbst im Kalten Krieg vor 30 Jahren Versöhnung und Abrüstung durch gegenseitiges Vertrauen möglich wurden. Auch Präsident Putin, so Gorbatschow, habe am Vorabend im russischen Fernsehen von Versöhnung gesprochen.

Auf meinen Einwand, dass zwischen Putins Worten und Taten oft Widersprüche lägen, meint er: »Warten wir ab. Wir brauchen Geduld. Das erwarte ich von beiden Seiten. Zurzeit machen alle

Fehler. Ich sehe noch immer die Gefahr eines Atomkriegs, solange die letzte Atombombe nicht abgeschafft ist. Ein solcher Krieg wäre der letzte in der Menschheitsgeschichte. Danach gäbe es niemand mehr, der noch Krieg führen könnte.«

Ich bin überzeugt, dass heute diese Stimme der Versöhnung und der Vernunft ebenso wichtig ist wie im letzten Jahrhundert, als die Welt am Rande des atomaren Abgrunds stand. Deshalb dieses kleine Buch mit der Stimme des großen Politikers. Als ich nach Moskau flog, las ich in westlichen Zeitungen entsetzte Kommentare über russische Bomben in Syrien. In Moskauer Zeitungen kurz danach ähnliches Entsetzen über westliche Bomben in Nahost. Gibt es gute Bomben und schlechte Bomben? Gute Bomben von uns und böse Bomben der anderen?

Ich erfahre bei diesem Besuch auch, dass Michail Gorbatschow die *Nowaja Gazeta*, eine der wenigen unabhängigen Zeitungen in Russland, mitgegründet und über Jahre finanziell unterstützt hat. Er ist bis heute ihr Aktionär. Seit dem Jahr 2000 sind fünf Journalisten dieser Zeitung – unter ihnen auch Anna Politkowskaja – ermordet und mehrere weitere Kollegen schwer verletzt worden.

In diesen Zeiten neuer Feindbilder brauchen wir überlebensnotwendig vermittelnde und versöhnende Stimmen wie die des 85-jährigen erfahrenen und mutigen Realisten Michail Gorbatschow.

Er hält konsequent an seiner Devise fest: Nie wieder Krieg! Frieden ist möglich.

Franz Alt
Im November 2016

Wir sind EINE Menschheit!

Wohin geht die Entwicklung der globalisierten Welt des 21. Jahrhunderts? Warum ist die heutige Welt unruhig, ungerecht, militarisiert?

Diese Fragen stellen Menschen, umgetrieben von zunehmender Sorge. Auch ich.

Man hätte denken können, das Ende der globalen Konfrontation und die noch nicht dagewesenen Möglichkeiten, die die neuen Technologien eröffnen, hätten der Welt neuen Auftrieb geben und das Leben jedes Einzelnen besser machen müssen. Doch es kam anders.

Eine einfache Erklärung dafür gibt es nicht. Die Politik erwies sich ihrer Aufgabe nicht gewachsen. Das habe ich mehrmals gesagt. Diejenigen, die den »Sieg des Westens im Kalten Krieg« erklärten und sich weigerten, ein neues, gleichberechtigtes Sicherheitssystem aufzubauen, tragen einen großen Teil der Verantwortung für die heutige Lage. Siegesrausch ist ein schlechter Ratgeber! Und in internationalen Angelegenheiten erst recht.

Aber es liegt nicht nur daran. Man hat es bislang nicht geschafft, die neue globalisierte Welt zu verstehen, man hat sich mit ihr noch gar nicht richtig auseinandergesetzt. Dabei erfordert sie neue Verhaltensregeln und eine andere Moral. Doch die führenden Politiker kommen vor lauter Tagesgeschäft einfach nicht dazu, sich damit zu beschäftigen.

Ich glaube, hier liegt die Hauptursache der globalen »Wirren«, die wir heute erleben.

Die Menschen sind besorgt wegen der Spannungen in der Welt. Doch nicht weniger besorgt sind sie um ihre eigene Lage und Perspektive. Denn das eine hängt mit dem anderen unmittelbar zusammen.

Selbst in den hoch entwickelten Industrienationen zeigt sich die Mittelklasse, der Motor jeder erfolgreichen gesellschaftlichen Entwicklung, mit ihrem Leben unzufrieden. Immer häufiger unterstützen Wähler Populisten, die auf den ersten Blick einfache, in Wirklichkeit jedoch gefährliche Lösungen bieten.

Die Urheber undurchsichtiger Finanzstrukturen hingegen, die niemandem Rechenschaft ablegen müssen, haben sich sehr rasch an die Globalisierung angepasst und profitieren davon. Sie erzeugen eine Blase nach der anderen und machen Milliarden – buchstäblich aus Luft! Diese Milliarden stehen dann einem immer enger werdenden Kreis an Personen zur Verfügung, die sich deren Versteuerung entziehen. In jüngster Zeit wurden wir Zeugen neuer Enthüllungen, die das belegen. Das ist aber nur die Spitze des Eisbergs … Abgesehen davon haben sich die organisierte Kriminalität, Drogen- und Waffenhändler, Schleuserbanden, die aus den Migrantenströmen Kapital schlagen, Cyber-Kriminelle und vor allem Terroristen in der globalisierten Welt längst eingerichtet. Sie fühlen sich darin wohl und sicher.

Auf keine dieser Herausforderungen hat die Weltpolitik eine wirksame Antwort geliefert. Inzwischen ist eine neue Runde des Wettrüstens gestartet worden, die Umweltkrise verschärft sich, die Kluft zwischen den reichen und armen Ländern wird immer größer und die Schere zwischen Arm und Reich innerhalb der Staaten öffnet sich immer weiter. Das sind Probleme, die ganz oben auf der Weltagenda stehen sollen und müssen. Doch sie werden nicht gelöst. Sackgassen überall, wohin man auch schaut.

Eigentlich könnte man davon ausgehen, dass es ausreichend Möglichkeiten und Instrumente gibt, um mit diesen Problemen fertig zu werden. Da sind die seit Langem bestehenden UN-Organisationen, aber auch die G-20, die vor nicht allzu langer Zeit zur Bewältigung der neuen Herausforderungen ins Leben gerufen wurden. Doch kaum jemand kann ihre Tätigkeit als Erfolg bezeichnen. Stets kommen sie zu spät, stets bleiben sie hinter der realen Entwicklung zurück.

Fest steht: Wir haben es mit einer Krise politischer Führung zu tun. International wie auch national. Die Politiker sind voll und ganz mit »Löscharbeiten« beschäftigt, mit dem Tagesgeschäft, mit den aktuellen Krisen und Konflikten.

Doch selbst wenn es gelingen sollte, die schweren Krisen von heute beizulegen, wird das zwar ein wichtiger, jedoch nur ein erster Schritt sein auf dem Lernweg hin zum Leben in einer globalisierten Welt. Diese Aufgabe ist viel komplizierter und anspruchsvoller.

Ohne den globalen Kontext ist es nicht möglich, die Ursachen und Folgen der heutigen Konflikte nachzuvollziehen und zu begreifen. Es ist nicht möglich, eine neue Agenda auszuarbeiten sowie Mittel und Wege zur Lösung von Problemen zu finden, die heute und unvermeidlich auch in Zukunft in der Welt entstehen.

Dabei kommt es darauf an, die richtigen Prioritäten zu setzen.

Das Russell-Einstein-Manifest, Olaf Palmes Idee einer Gemeinsamen Sicherheit, John Kennedys Rede über »Frieden für alle«, die gemeinsame Genfer Erklärung der UdSSR und der USA von 1985 (bekräftigt durch die Verständigung in Reykjavik und das Abkommen über die Einstellung des atomaren Wettrüstens) – all das waren Ansätze einer Agenda, die sich der wirklich existenziellen Probleme der Weltgemeinschaft annahm.

Unter diesen Problemen gibt es nichts Wichtigeres als die Befreiung der Menschheit von den Massenvernichtungswaffen.

Dank der in der zweiten Hälfte der 1980er-Jahre erreichten Einigung sind bis zum heutigen Tag über 80 Prozent der damaligen Atomwaffenbestände vernichtet worden. Das ist ein enormer Fortschritt, dennoch reicht er nicht aus.

Solange es Atomwaffen gibt, bleibt die Gefahr bestehen, dass sie zum Einsatz kommen. Sei es durch Zufall, eine technische Störung oder auch einen bösen menschlichen Willen. Deshalb müssen wir das Ziel, die Atomwaffen zu verbieten und zu vernichten, mit Nachdruck weiterverfolgen. Das ist unsere Pflicht.

Ich werde nicht müde zu wiederholen: Dieses Ziel kann nur unter der Bedingung einer demilitarisierten Politik und demilitarisierter internationaler Beziehungen erreicht werden. Politiker, die meinen, Probleme und Streitigkeiten könnten durch Anwendung militärischer Gewalt gelöst werden – und sei es auch nur als letztes Mittel – sollten von der Gesellschaft abgelehnt werden, sie sollten die politische Bühne räumen.

Gewaltfreiheit in den internationalen Beziehungen und friedliche Konfliktlösung müssen im Regelwerk des Völkerrechts zu Kernpunkten werden.

Ein weiterer Imperativ unserer globalisierten Welt lautet: Politik und Ethik müssen vereint werden.

Das ist ein großes und schwieriges Problem. Es lässt sich nicht auf einen Schlag, von heute auf morgen lösen. Doch wird es nicht schon heute aufgegriffen und auf die Tagesordnung gesetzt, wird nicht hartnäckig und konsequent auf seine Lösung hingearbeitet, ist die Welt dazu verurteilt, mit immer neuen Konflikten und unlösbaren Auseinandersetzungen konfrontiert zu werden.

Besonders gefährlich in der globalisierten Welt ist die Existenz »doppelter Standards«. Es gilt, jede Möglichkeit auszuschließen, dass Staaten – angeblich aus eigenem nationalem Interesse – terroristische und extremistische Gruppierungen sowie Bewegungen aller Art unterstützen, die für einen bewaffneten Kampf und den gewaltsamen Sturz rechtmäßiger Regierungen eintreten.

In der heutigen Zeit ist ein Höchstmaß an Verantwortung erforderlich. Es gilt, Emotionen und Propaganda entschieden hinter sich zu lassen. Die jetzige Politikergeneration der führenden Staaten muss sich einiges vorwerfen lassen. Doch sie hat immer noch die Chance, einen würdigen Platz in den Geschichtsbüchern einzunehmen. Es wäre ein großer Fehler, diese Chance zu vergeben.

Meinen Appell zum Handeln richte ich nicht nur an die Staatsführungen, sondern auch an die Zivilgesellschaft. Bei der Beendigung des Kalten Krieges hat die Öffentlichkeit eine enorme Rolle gespielt. Ich erinnere mich gut an die lautstarke Stimme der Friedensbewegung gegen Krieg und Atomwaffen in den 1980er-Jahren. Diese Stimme wurde gehört!

Heute appelliere ich an alle Menschen, die nicht nur an sich denken und denen die Zukunft ihrer Kinder und Enkel nicht gleichgültig ist, ihre Bemühungen zu vereinen, um die Welt vor Kriegsleid, vor der Bedrohung einer Umweltkatastrophe, vor Armut und Rückständigkeit zu bewahren. Das Ziel, eine sicherere, gerechtere und stabilere Weltordnung aufzubauen, ist realistisch, und es lohnt sich, dafür alles zu tun, was in unserer Macht steht. Lassen Sie uns nicht vergessen: Wir leben alle auf EINEM Planeten! Wir sind EINE Menschheit!

Михаил Горбачев
(Michail Gorbatschow)

Franz Alt im Gespräch mit dem Friedensnobelpreisträger Michail Gorbatschow

Franz Alt: *Durch Ihre Politik von Glasnost und Perestroika und durch Ihren festen Willen zur Abrüstung konnte der Kalte Krieg im 20. Jahrhundert beendet werden. Aber heute ist das Klima zwischen Russland und dem Westen wieder ähnlich kalt und frostig wie in den Hochzeiten des Kalten Krieges. Warum erleben wir heute einen Rückfall und keinen Fortschritt?*

Michail Gorbatschow: Die gegenwärtige Zuspitzung der internationalen Lage ist tatsächlich besorgniserregend. Doch die Abkühlung der Beziehungen zwischen Russland und dem Westen hat nicht heute angefangen. Sie wurzelt in den frühen 1990er-Jahren. Nachdem wir – durch gemeinsame Anstrengungen von Ost und West – den Kalten Krieg beendet hatten, erwarteten viele, dass diese historische Leistung mit zunehmendem Vertrauen und allgemeiner Verbesserung der Beziehungen zwischen Staaten einhergehen und dass sie auch nachhaltig gesichert würde. Doch stattdessen verlief die Entwicklung in entgegengesetzter Richtung. Warum? Nach meiner Überzeugung fing alles damit an, dass die westlichen Mächte, vor allem die Vereinigten Staaten, Ereignisse wie den Zerfall der Sowjetunion und die Beendigung der Konfrontationspolitik falsch eingeschätzt haben.

Sie haben sich schlichtweg zu den Siegern im Kalten Krieg erklärt. Dies kam der Aussage gleich, nicht die Verhandlungen, nicht die gemeinsamen Bemühungen hätten diese Leistung ermöglicht – was ja tatsächlich der Fall war –, sondern die Politik des Westens habe dieses Ergebnis aus der Position der Stärke heraus herbeigeführt. Daraus wurde die Schlussfolgerung gezogen, noch stärker zu werden und die militärische Überlegenheit noch mehr zu steigern. Diese Aussicht dürfte umso verlockender gewesen sein, weil Russland nach dem Zusammenbruch der UdSSR geschwächt war. Damit hat alles angefangen. Ich glaube, die gegenwärtige besorgniserregende Weltlage gibt meiner Einschätzung recht. Durch die Rückkehr zur Politik der Stärke hat niemand gewonnen, doch verloren haben dabei alle.

Alt: *Für mich sind Sie der größte Visionär des 20. Jahrhunderts für eine bessere Welt. Sind Sie persönlich enttäuscht über die Rückschläge, die wir heute weltweit sehen?*

Gorbatschow: Ich bin ernsthaft besorgt, doch persönlich enttäuscht bin ich nicht. Ihre Frage ähnelt einer anderen, die mir im Lauf der letzten zwei Jahrzehnte häufig gestellt wurde: Ob ich glücklich sei. Diese Frage habe ich mir auch selbst oft gestellt. Und eine Zeit lang beantwortete ich sie mit dem Satz: Es gibt keine glücklichen Reformer. Dies schien sich aus der Geschichte zu ergeben. Denn nur ganz wenige von denen, die Reformen einleiteten, konnten deren vollständige Umsetzung erleben. Doch mit der Zeit – je mehr ich darüber nachdachte, wie sich mein eigenes Schicksal fügte und wendete und auch das Schicksal der

Sache, der ich mich verschrieben hatte – änderte ich meine Meinung. Mir war doch die seltene Chance beschieden, einen realen Wandel zum Besseren in meinem Land anzustoßen und zu einem Wandel in der ganzen Welt beizutragen. Die Perestroika (»Der Wandel«) kam aus mehreren Gründen, objektiven wie subjektiven, zum Abbruch. Doch viele ihrer Früchte können die Menschen in Russland und über Russlands Grenzen hinaus auch heute noch genießen, manchmal ohne dass es ihnen bewusst wäre. Selbstverständlich tut es mir leid, dass ich es nicht geschafft habe, das Schiff, an dessen Steuer ich stand, ins ruhige Fahrwasser zu bringen, dass es mir nicht gelang, die Reformen zu vollenden. Ich habe aber an die Tore der Geschichte geklopft, und die Tore öffneten sich – auch für diejenigen, um die es mir ging. Mein Werk ist nicht tot. Deshalb gibt es auch keine persönliche Enttäuschung. Meine gesellschaftliche Bestimmung und meine persönliche Lebenswahrnehmung sind eins geworden. Einmal – da war die Perestroika in vollem Gange und in der damaligen Sowjetunion fanden auf meine Initiative hin gerade die ersten freien Wahlen statt – wurde ich von Journalisten gefragt: »Und was, wenn Sie nicht gewählt werden? Wenn Sie verlieren?« »Eine Ablösung durch eine demokratische Wahl werde ich als eine der Errungenschaften meiner eigenen Politik betrachten«, antwortete ich.

Alt: *Waren wir alle zu naiv?*

Gorbatschow: In Nikolai Gogols berühmtem Buch *Tote Seelen* gibt es eine Figur namens Manilow. Er ist ein naiver Träumer, der unentwegt allerlei Projekte zur Weltverbesserung erfindet. Projekte, die mit der Lebensrealität gar nichts zu tun haben und von vornherein zum Scheitern verurteilt sind. Kann man etwa das, was wir vor drei Jahrzehnten taten, als Manilowsche Träumerei abstempeln? Was damals geschah, war nicht aus dem Nichts und nicht ohne Grund entstanden. Die Perestroika wurde zur Antwort auf die dringlichen Bedürfnisse der damaligen sowjetischen Gesellschaft. Sie hat spürbare, reale Ergebnisse gebracht. Zum Beispiel freie Wahlen, Abschaffung der Zensur, Reisefreiheit und vieles andere. Wir sind aus dem totalitären Koordinatensystem ausgebrochen. Auch die Außenpolitik der Perestroika führte unter Teilnahme und Unterstützung anderer Länder absolut konkrete Ergebnisse herbei. Das wichtigste davon war bekanntlich die Beendigung des Kalten Krieges. Zuvor hatte die Menschheit über lange Jahre hinweg mit der ständigen Bedrohung einer atomaren Apokalypse leben müssen. Nur Wenige aus unserer Generation hatten keine Albtraumbilder einer atomaren Explosion vor Augen. Auch wenn sich heute politische Krisen zuspitzen: Kaum jemand wird ernsthaft behaupten können, es geschehe »nichts Neues unter der Sonne«, alles sei wieder so, wie es mal war. Sie zum Beispiel leben in Deutschland, einem Land, dessen Wiedervereinigung dadurch möglich wurde, dass Ost und West es schafften, den Kalten Krieg zu beenden. Sie werden mit Sicherheit nicht behaupten, dass das vereinigte Deutschland Träumereien nach Manilows Art entsprungen sei. Nein, wir waren womöglich ein wenig Romantiker, doch naiv waren wir nicht.

Alt: *Krisen und Leiden sind immer Weckrufe unserer Lebensintelligenz. Aus privaten Krisen und aus den modernen Neurowissenschaften wissen wir, dass unser Nervensystem Panikattacken und psychisches Leid erzeugt, wenn wir aus Fehlern nichts lernen und in alte Denkmuster und in altes Verhalten zurückfallen, wie wir es heute beobachten. Sie fordern schon lange ein »Neues Denken«. Was verstehen Sie heute darunter? Was heißt es konkret und praktisch, wenn Sie ein »grundlegendes weltpolitisches Umdenken« fordern? Was sind die Kernelemente des »Neuen Denkens«?*

Gorbatschow: Sie haben recht, wir erleben heute Zeiten der Wirren. Und gerade deshalb, weil wir aus der Vergangenheit nicht lernen, fallen wir immer wieder in die alten Denk- und Verhaltensmuster zurück.

Dabei ist es gar nicht so lange her, dass die Welt bereit war, zu einem »neuen Glauben« zu konvertieren und sich die Leitsätze des Neuen Denkens zu eigen zu machen. Angestoßen hatte dies unser Land mit seiner Perestroika. Doch die Idee an sich ist viel älter. Mitte des 20. Jahrhunderts nahm das Leben auf unserem Planeten eine drastische Wendung: Die Atombombe wurde geboren, und die Menschheit war plötzlich nicht mehr unsterblich. Man konnte sein altes Leben nicht mehr einfach weiterleben, als sei nichts geschehen. Der Erste, der über die Notwendigkeit eines Neuen Denkens im atomaren Zeitalter öffentlich sprach, war Albert Einstein. Von nun an stand das wichtigste universelle Interesse im Vordergrund: Die Erhaltung des Lebens auf der Erde.

Mitte der 1980er-Jahre ähnelte unsere Welt einem mit Sprengstoff voll beladenen Lastwagen, der ungebremst den Berg herunterdonnerte. Die Gefahr eines atomaren Zusammenstoßes nahm dauernd zu. Und es war notwendig, dass die Hauptakteure einen Schritt von der roten Linie zurücktraten. Dieser erste Schritt wurde dann auch gemacht: In Genf erklärten Präsident Reagan und ich gemeinsam, dass ein Atomkrieg unzulässig sei und dass es in so einem Krieg keine Sieger geben könne. Anschließend folgten weitere – konkrete – Schritte zur gegenseitigen Abrüstung, und es wurde das historische Ziel formuliert, die Atomwaffen vollständig zu vernichten.

Der Sinn des Neuen Denkens bestand – kurz zusammengefasst – darin, den Weg zu einer stabileren, sichereren, gerechteren und humaneren Gesellschaft einzuschlagen. Die Imperative lauteten: einen Atomkrieg verhindern und den Planeten vor einer ökologischen Katastrophe bewahren. Heute würde ich noch hinzufügen: den internationalen Terrorismus bekämpfen. Erfolg erzielen kann man dabei ausschließlich durch gemeinsame Bemühungen aller Länder und Völker.

Darauf bauten wir auch die Außenpolitik der Perestroika-Ära auf. Ohne sämtliche Bestandteile dieser Politik aufzuzählen, möchte ich festhalten, dass gerade sie die Schlüsselelemente des Neuen Denkens beinhaltete, nämlich: Absage an die ideologische Konfrontation mit dem Westen, Verzicht auf die militarisierte Herangehensweise an die Beziehungen mit anderen Staaten, Einstellung des Wettrüstens und Übergang zur Abrüstung, Nicht-Einmischung in die inneren Angelegenheiten anderer Länder und Anerkennung des Rechts auf Selbstbestimmung, Verzicht auf die Gewaltanwendung in den internationalen Angelegenheiten, Aufbau von Vertrauen und präventiver Diplomatie, gleichberechtigte Zusammenarbeit mit allen Bereitwilligen, unter anderem auch beim Umweltschutz und in humanitären Fragen.

Diese Grundsätze wurden unsererseits durch wichtige konkrete Taten bekräftigt wie zum Beispiel unsere Initiativen zur Abrüstung oder den Abzug der Truppen aus Afghanistan. Damit wurde eine radikale Wende in unserem außenpolitischen Kurs vollzogen. Doch auch unsere Partner im Westen waren dadurch gefordert: Für sie galt es nun, eine angemessene Reaktion auf diese Veränderungen zu liefern. Mehrmals habe ich meine Gesprächspartner in Europa und den USA ermahnt: Alle werden sich ändern müssen. Alle, die größten und mächtigsten Staaten aber allen voran, müssen sich Selbsteinschränkung auferlegen, sie müssen auf die Gewaltanwendung in der Außenpolitik vollständig verzichten. Das Ideal des 21. Jahrhunderts ist eine gewaltfreie Welt. Mehr militärische Macht macht kein Land allmächtig. Doch die Einsicht in diese Binsenweisheit setzt sich viel zu langsam und alles andere als reibungslos durch.

Die Leitsätze des Neuen Denkens bleiben auch heute bestehen, sie sind immer noch aktuell. Die Abweichungen davon und die damit einhergehenden Rückfälle halte ich für vorübergehend. Es ist klar, dass da das Trägheitsgesetz eine starke Wirkung entfaltet. Jahrtausendelang richtete sich die Menschheit nach dem »Recht des Stärkeren«. Heutzutage sind wir jedoch fähig und verpflichtet, aus dem jahrtausendealten Denk- und Verhaltensmuster auszubrechen.

Alt: *Das alte Denken widerspricht der Lebensintelligenz?*

Gorbatschow: Es widerspricht dem gesamten gesunden Menschenverstand oder – wie Sie sagen – der Lebensintelligenz der Weltgemeinschaft.

Alt: *Die zentrale Frage heißt: Wie kommen wir von Neuem Denken zu Neuem Handeln?*

Gorbatschow: Sollten die wichtigsten Player, wie man sie heute nennt, den Weg zum Neuen Denken gefunden haben, fällt der Übergang zum Neuen Handeln gar nicht so schwer. Eigentlich haben wir es Ende der 1980er-, Anfang der 1990er-Jahre auch in der Praxis vorgeführt. Im Dezember 1988 hielt ich vor der UN-Vollversammlung eine Grundsatzrede. Im Namen meines Landes schlug ich der Weltgemeinschaft ein konstruktives Konzept einer neuen demokratischen Weltordnung vor. Und im Schlussabschnitt meiner Rede berichtete ich über konkrete Maßnahmen, die bereits vollzogen wurden, wie Truppen- und Rüstungsabbau, den Abzug erheblicher Truppenkontingente aus der DDR, aus Ungarn und der Tschechoslowakei, über weitere Demokratisierungsmaßnahmen in der UdSSR, inklusive der zum damaligen Zeitpunkt äußerst heiklen Angelegenheit, ja wunden Stelle, der Reisefreiheit der Sowjetbürger. Damals galt all das als Sensation. Doch es waren nichts anderes als konkrete, spürbare Beispiele eines Neuen Handelns, hervorgegangen aus dem Neuen Denken. Die Liste derartiger Beispiele kann man fortsetzen. Die meisten der damals von uns mit der Bundesrepublik Deutschland, den USA und anderen Staaten geschlossenen Verträge und Vereinbarungen wurden von jeweils beiden Parteien penibel eingehalten. Auf der internationalen Bühne setzte sich allmählich der wichtigste aller Faktoren durch: das gegenseitige Vertrauen. Das war es, was das Neue Handeln auch vorbestimmte.

In der Anfangsphase der Perestroika erklärten wir unseren Verbündeten aus den osteuropäischen Ländern, dass sie von nun an volle Verantwortung dafür trügen, was in ihren Ländern geschah, dass wir uns nicht einmischen würden. Und wir haben uns auch kein einziges Mal eingemischt. Ist das etwa kein Neues Handeln? Das Neue Handeln folgt also, wie wir sehen, dem Neuen Denken. Schlimm ist aber, dass heute auf beiden Seiten des früheren Eisernen Vorhangs vom Neuen Denken abgewichen wird. Einige US-Strategen betreiben weiterhin die Ideologisierung der internationalen Beziehungen. Zu der Einsicht in das Neue Denken gelangen sie erst durch katastrophale Fehlentscheidungen und Niederlagen.

Alt: *Was können Russland und der Westen jetzt tun, um eine bessere Zukunft in unserem »gemeinsamen Haus Europa« und auf unserem gemeinsamen Planeten Erde zu finden?*

Gorbatschow: Was Russland und der Westen jetzt tun können? Einen meiner neulich erschienenen Beiträge zu diesem Thema wollte ich ursprünglich mit der Überschrift »Schluss jetzt! Kommt endlich zur Vernunft! « versehen. Ich habe es mir dann aber anders überlegt und den Titel geändert, denn es klang viel zu alarmistisch. Heute ist meine Antwort: Die Weltpolitik braucht eine positive Agenda, sie braucht sie wie die Luft zum Atmen. Allem voran im Bereich der Sicherheit. Ich würde an dieser Stelle zwei Prioritäten setzen: die Terrorbekämpfung und die europäische Sicherheit. Jetzt wäre meines Erachtens der geeignete Zeitpunkt, mit der Vorbereitung eines Terrorbekämpfungspaktes zu beginnen. Am besten unter der UNO-Ägide. Was Europa angeht, so ist es an der Zeit, einen neuen Großen Vertrag zur Modernisierung des europäischen Sicherheitssystems zuwege zu bringen. Dieses äußerst wichtige Dokument muss auf der Ebene der Staats- und Regierungschefs aufgesetzt und beschlossen werden – so, wie es 1975 in Helsinki und 1990 in Paris der Fall war. Eine neue Sicherheitsarchitektur muss her. Eine solche auszuarbeiten ist keine einfache Aufgabe. Um sie zu meistern, sollte man ein Gipfeltreffen aller europäischen Länder sowie der USA und Kanadas einberufen. Man sollte mit den Vorbereitungen beginnen, ohne diese Aufgabe auf die lange Bank zu schieben.

Überlegenswert wäre die Anfang der 1990er-Jahre geäußerte Idee, einen europäischen Sicherheitsrat zu gründen und diesen mit praktikablen und wirksamen Instrumenten auszustatten. In Bezug auf den größeren Rahmen muss man natürlich zur gemeinsamen Arbeit an globalen Herausforderungen und Bedrohungen zurückfinden. Dies betrifft vor allem die USA und Russland.

Es würde nicht schaden, wenn die Stimme der Veteranen der Weltpolitik bei den heutigen politischen Führungspersönlichkeiten Gehör fände. Man kann ihre Erfahrung für die Wiederherstellung des Vertrauens nutzen. Ihre Vorschläge zur Krisenbewältigung sind durchaus beachtenswert. Ich konnte mich davon neulich beim Treffen mit den »Ältesten der Weltpolitik« in meiner Stiftung in Moskau überzeugen. Dieser Gruppe gehörten unter anderem Kofi Annan, Gro Harlem Brundtland, Jimmy Carter, Marti Ahtisaari und weitere seinerzeit einflussreiche Politiker an. Ich halte Kontakt zu George Bush Senior und zu Henri Kissinger. Regelmäßig besprach ich die aktuellen Probleme mit meinem Freund Hans-Dietrich Genscher, der 2016 von uns gegangen ist. Wir standen im Briefwechsel, telefonierten miteinander, brachten ab und an unsere gemeinsamen Vorschläge auch öffentlich zum Ausdruck. Wir forderten die Politik und die Öffentlichkeit immer wieder zum Dialog und zum Handeln auf.

Von den Spannungen in der Weltpolitik überfordert oder auch nur ermüdet, reagieren die Menschen auf derartige Appelle manchmal resigniert: Das sei ja ohnehin hoffnungslos, das sei unmöglich. Wie geht man mit dieser Resignation um? Es gibt ein russisches Sprichwort: »Unter einem fest auf der Stelle liegenden Stein fließt das Wasser nicht mehr.« Wären die Deutschen beispielsweise Ende der 1980er Jahre untätig geblieben, hätten sie die Hände in den Schoß gelegt und auf besseres Wetter gewartet, dürften sie heute noch in einem geteilten Land leben. Sie sind aber auf die Straße gegangen, um ihren Willen zur Einheit lautstark und unmissverständlich kundzutun. Tausende von Menschen zogen durch die Straßen und hielten ihre Spruchbänder hoch: »Wir sind ein Land! Wir sind ein Volk«. Heute sollten wir eine neue, eine äußerst wichtige Botschaft zu unserer Devise erklären und diese hochhalten: »Wir sind EINE Menschheit! Wir leben auf EINEM Planeten!«

Alt: *Warum ist der Anti-Amerikanismus in Russland heute wesentlich stärker als noch vor 20 oder 30 Jahren?*

Gorbatschow: Am einfachsten ließe sich diese Frage folgendermaßen beantworten. In den letzten zwei bis drei Jahren ist infolge verschärfter Auseinandersetzungen zwischen Russland und dem Westen und insbesondere zwischen Russland und den USA ein regelrechter Propagandakrieg entflammt. Mit einem schonungslosen Schlagabtausch. Dabei kümmert es die beiden Seiten herzlich wenig, wie es um die Fakten steht. Es kommt nur darauf an, den »Gegner« am schmerzlichsten zu treffen. Dementsprechend nimmt bei den Konsumenten der Informationsmedien die Ablehnung, ja sogar die Feindseligkeit gegenüber dem Land zu, das Tag für Tag auf dem Bildschirm oder in den Zeitungen fast ausschließlich im negativen Licht dasteht. Doch die gegenwärtige Einstellung zu den USA hat in Russland viel tiefere Wurzeln. Und – eine wichtige Ergänzung – nicht nur in Russland. Im Lauf der knapp drei Jahrzehnte, die seit dem Ende des Kalten Krieges vergangen sind, erlebten wir mehrere US-Präsidenten. In einer seiner ersten bedeutsamen Reden sagte Barack Obama wichtige Worte: »Die Welt hat sich verändert. Wir müssen uns zusammen mit ihr verändern.« In diesem Sinne hatten sich seinerzeit auch andere Präsidenten geäußert. Doch die Welt erwartete, dass sie diesen Worten auch konkrete Entscheidungen und Taten folgen ließen.

Um solche Taten zu vollbringen, bedurfte es einer ehrlichen, realistischen Auseinandersetzung mit der weltpolitischen Lage. Jedoch ist sie im Lauf all dieser Jahre ausgeblieben. Hochmut und Siegesrausch trübten die Sicht. Obsiegt hat die Vorstellung, Amerika sei so gut wie allmächtig. Anstelle einer Analyse kam der Aufruf: »Das 20. Jahrhundert ist Amerikas Jahrhundert geworden, lasst uns das 21. Jahrhundert zu einem weiteren amerikanischen Jahrhundert machen!« Dieser Appell kam im Jahr 1998 aus dem Mund des US-Präsidenten. Und wurde von allen seinen Nachfolgern im Amt de facto aufgegriffen. Bald sprach man davon, dass die USA nicht nur die »einzige übrig gebliebene Supermacht« sei, sondern eine »Hypermacht«, dass es an der Zeit sei, ein »Imperium neuer Art« aufzubauen. Doch sehr bald wurde auch klar, dass die Welt nicht bereit sein würde, die in dem für sie in Washington entworfenen Drehbuch vorgesehene Statistenrolle zu spielen. Auch in Amerika selbst stoßen die imperialen Vorhaben nicht unbedingt auf Begeisterung. Bei einer USA-Reise fragte ich meine Zuhörer: »Wollen Sie, dass Amerika ein Weltpolizist ist? Dass es anderen Völkern Demokratie mit Panzern und Raketen aufzwingt?« Ich stellte diese Frage später oft, wieder und wieder, an unterschiedliche Menschen. Kein einziges Mal bin ich einem Anhänger dieser Idee begegnet.

Der unter den Angehörigen der amerikanischen Elite verbreitete »Siegerkomplex« musste sich zwangsläufig auch auf die Beziehungen mit Russland auswirken. Über eine längere Zeit hinweg blieb der US-Umgang mit unserem Land zwar nach außen freundschaftlich, doch dahinter verbarg sich eine Politik, die auf Russlands Interessen keinerlei Rücksicht nahm. Dafür gibt es viele Beispiele, hervorheben möchte ich aber das am Anfang kaum merkliche, dann aber nicht zu übersehende Bestreben, Russland von den neuen Staaten, die im postsowjetischen Raum entstanden waren, zu isolieren. Russlands Schwäche wurde genutzt, um es aus dem Kreis der einflussreichen Akteure auf der weltpolitischen Bühne zu verbannen. Nicht von ungefähr erschien in den 1990er-Jahren der Artikel eines renommierten amerikanischen Experten mit dem bemerkenswerten Titel »Die Welt ohne Russland«. Russischen Politikern ist all das nicht entgangen. Aber nicht nur ihnen. Auch bei der russischen Bevölkerung verschaffte es Amerika nicht unbedingt mehr Zuneigung. An dieser Stelle ist es mir wichtig zu betonen, dass der Anti-Amerikanismus den Russen gar nicht eigen ist. Die Russen haben unsere gemeinsame Sache in der Anti-Hitler-Koalition während des Zweiten Weltkrieges in guter Erinnerung. Sie respektieren und schätzen die USA als Großmacht der Wissenschaft, als das Land fortschrittlichster Technologien. Sie mögen die Offenheit und Aufgeschlossenheit der Amerikaner. All das kam in den Jahren der Perestroika und bei den gemeinsamen Bemühungen um die Demontage des Eisernen Vorhangs deutlich zum Ausdruck. Ich bin zutiefst davon überzeugt, dass die gegenseitige Verständigung und der gegenseitige Respekt ein natürlicher Zustand der russisch-amerikanischen Beziehungen sind. Wir werden dazu zurückfinden.

Alt: *Nach dem NATO-Gipfel in Warschau im Juli 2016 sagten Sie: »Dieser Gipfel war beinahe eine Kriegserklärung an Russland.« Wie kommen Sie zu dieser Einschätzung?*

Gorbatschow: Sie werden mir zustimmen, dass die Spannungen in der Welt seit zweieinhalb Jahrzehnten jetzt den Höchststand erreicht haben. Statt nach einem Ausweg aus der bedrohlichen Lage zu suchen, erging sich der Juli-NATO-Gipfel in kriegerischer Rhetorik und steigerte das feindselige Klima noch mehr. Und wäre es dabei nur bei der Rhetorik geblieben! Aber nein, es wurde beschlossen, Truppen und militärisches Gerät näher an Russlands Grenzen heranzubringen. Im Volksmund heißt das: Öl ins Feuer gießen. Und in der Sprache der Politik kann man ein solches Handeln nicht anders als Provokation bezeichnen. Die NATO-Führung provoziert die eigenen Mitglieder, indem sie in ihnen den militanten Geist anstachelt und Säbelrasseln schmackhaft macht. Sie provoziert Russland, denn es ist offenkundig, dass Russland auf solche Handlungen mit einer harten Antwort reagieren muss.

Alt: *Warum muss Russland hart reagieren?*

Gorbatschow: Russland wird immer mehr in die Konfrontation hineingezogen. All das geschieht in einer Situation, in der weltweit der internationale Terrorismus wütet. In der in Syrien Kampfhandlungen stattfinden. In der es nicht gelingt, die Einhaltung des Minsker Abkommens hinsichtlich der Ukraine durchzusetzen. In der auf den Weltmeeren bis an die Zähne bewaffnete Kriegsschiffe und in der Luft mit Raketen bestückte

Kampfflugzeuge dauernd unterwegs sind und wir immer wieder mitbekommen, wie gefährlich nah sie sich mal wieder gekommen sind. Und was, wenn da einer die Nerven verliert und durchdreht? Ich übertreibe nicht. Fast täglich sind wir nur um Haaresbreite von einem – gar nicht kalten – Krieg entfernt.

Alt: *Wobei Putin auch nicht gerade als Pazifist von sich reden macht …*

Gorbatschow: Der russische Dramatiker Anton Tschechow hat einmal gesagt: »Wenn im ersten Akt ein Gewehr an der Wand hängt, dann wird es im letzten Akt abgefeuert«. Heute werden an diverse Wände immer neue Gewehre gehängt, und sollte auch nur ein einziges davon abgefeuert werden, dann wird es niemanden mehr geben, der den letzten Akt zu Ende sehen könnte. Dennoch verhalten sich viele so, als fürchteten sie keinen Krieg. Als ginge es darum, ein bisschen herumzuballern und dann wieder seiner Wege zu gehen. Das ist verantwortungslos. Dabei verlangt die gegenwärtige Lage dem politischen Führungspersonal – und zwar auf beiden Seiten – ein besonders hohes Maß an Verantwortungsgefühl im Umgang mit Problemen ab. Das betrifft auch Russland: Es darf sich nicht provozieren lassen, es sollte aktiv dafür eintreten, den Dialog über sämtliche akute Fragen mit seinen Partnern auf der internationalen Bühne wiederzubeleben. Es gilt, möglichst schnell regelmäßige Treffen auf höchster Ebene und auf der Expertenebene wiederaufzunehmen. In die Diskussion und die Entscheidungen über diese Fragen müssen letztendlich die Vereinten

Nationen einbezogen werden, denen man helfen muss, funktionstüchtige, wirksame Instrumente zu schaffen und es nicht nur bei Experten- und Beobachtergruppen zu belassen. Beide Seiten müssen sämtliche politischen, diplomatischen, wirtschaftlichen und kulturellen Kapazitäten aktivieren und in Gang setzen, um unverzüglich eine neue Agenda zu erarbeiten. Um die bedrohliche Entwicklung zu stoppen und umzukehren.

Alt: *Warum fühlen sich heute weit weniger Russen als Europäer als noch vor 10 bis 15 Jahren?*

Gorbatschow: Russland liegt auf zwei Kontinenten – in Europa und in Asien, sodass die geografische Lage den Russen streng genommen kein zwingendes, vorbehaltloses Zugehörigkeitsgefühl gegenüber nur einem der beiden Erdteile vorschreibt. Doch historisch, insbesondere in den letzten 300 Jahren seit den Zeiten Peters I., fühlte sich Russland den europäischen Nationen und Staaten, vor allem deren Wirtschaft und Kultur, eng verbunden. Dieses Gefühl der Verbundenheit nahm zu, als mit der Berliner Mauer auch der Eiserne Vorhang niedergerissen wurde, der Europa in zwei Teile spaltete. Die Zeiten der Konfrontation schienen endgültig der Vergangenheit anzugehören. Die Bürger unseres Landes hatten zur Beseitigung der Trennlinien auf dem europäischen Kontinent einen erheblichen Beitrag geleistet und nun zu Recht erwartet, dass es zu einer breiten gleichberechtigten Kooperation mit anderen europäischen Ländern in allen denkbaren Bereichen kommen würde. Die von mir vorgeschlagene Idee eines gemeinsamen europäischen Hauses wurde gut aufgenommen – sowohl bei uns als auch in vielen anderen Ländern. Der Weg in diese Richtung war durch die 1975 unterzeichnete Schlussakte von Helsinki und die Pariser Charta für ein neues Europa von 1990 bereits geebnet worden. Am Anfang kam es tatsächlich zu einer merklichen Belebung der Zusammenarbeit. Doch im Lauf der Zeit wurde offenkundig, dass diese Kooperation gar nicht gleichberechtigt ist, dass sie absichtlich durch künstliche Hürden behindert und eingeschränkt wird. Nach dem Zerfall der Sowjetunion nahm das Interesse des Westens an der Idee eines gemeinsamen europäischen Hauses deutlich ab. Der europäische Integrationsprozess konzentrierte sich nun auf die EU. Dabei wurden ehemalige Sowjetrepubliken aktiv umworben. Sprach man von Europa, so meinte man in der Regel nur Westeuropa. Dadurch wurde Russland der Status eines europäischen Staates de facto aberkannt. Zwischen Russland und der EU wurde eine zwar unsichtbare, jedoch durchaus reale neue Mauer errichtet. Äußerlich hielt man sich an alle Regeln der politischen Korrektheit, gab Erklärungen ab über die Bereitschaft, die Beziehungen zu Russland weiter auszubauen. Sogar ein Abkommen über die Partnerschaft und Zusammenarbeit zwischen der EU und Russland wurde unterzeichnet und trat 1997 in Kraft. Doch dieses Dokument verkam immer mehr zu einer bloßen Dekoration. Es wurde klar, dass für diejenigen, die wir für unsere Partner hielten, Europa an der Grenze zu Russland endet. Russland musste das europäische Haus räumen.

Ich glaube, es war die Enttäuschung darüber, wie die Dinge gelaufen waren, die einen Teil der russischen Bürger dazu bewog, sich nicht mehr zur Familie der Europäer zu zählen. Doch ich persönlich glaube fest daran, dass wir auf das Projekt Groß-Europa unbedingt zurückkommen werden. Dass wir letztendlich alle in einem gemeinsamen europäischen Haus leben werden.

Alt: *Die Wunsch- und Wahnvorstellung des Westens, den Kommunismus »besiegt« zu haben und Russland demütigen zu können, haben neues Leid und neuen Nationalismus zur Folge gehabt. Mit der Osterweiterung der NATO hat der Westen in Russland einen neuen Nationalismus provoziert. Andererseits haben die Länder Osteuropas auch das Recht, sich in freier Selbstbestimmung der EU und/oder der NATO anzuschließen. Was können Sie empfehlen, damit die gemeinsamen Lebens- und Überlebensinteressen wieder stärker in den Vordergrund treten und das noch Trennende überwunden wird?*

Gorbatschow: Wir müssen alle lernen, in einer globalisierten Welt zu leben.

Von dieser ungeheuer wichtigen Aufgabe werden wir durch akute Krisen, die in der letzten Zeit gar nicht enden wollen, ständig abgelenkt. Selbstverständlich muss man sich um deren Beilegung ernsthaft kümmern. Doch gleichzeitig sind wir auch verpflichtet, vorauszuschauen. Eine Perspektive zu sehen. Ohne den globalen Kontext ist es auch nicht möglich, die Ursachen und die Folgen der gegenwärtigen Krisen zu begreifen. Es ist nicht moglich, eine neue Agenda zu erarbeiten sowie sich auf Mittel und Wege zur Bewältigung der Probleme festzulegen, die es heute gibt und die es in Zukunft geben wird.

Um eine solche Agenda zu erstellen, muss man die Prioritäten richtig setzen. Ich würde sie heute so sehen:

- das immerwährende Problem der Massenvernichtungswaffen, das neue Wettrüsten, eine militarisierte Weltpolitik;
- Armut und Unterentwicklung in der Welt;
- die Herausforderung Umweltschutz;
- Terrorismus

Hinzu kommen weitere schwerwiegende Probleme wie Massenmigration, Fremdenfeindlichkeit, religiöse Intoleranz oder die Koexistenz unterschiedlicher Kulturen.

Besonders wichtig dabei: Keines dieser Probleme kann durch Gewalt, mit militärischen Mitteln, gelöst werden.

Es steht außer Frage, dass diese Herausforderungen nur gemeinsam, durch vereinte Bemühungen, bewältigt werden können. Tatsächlich überwiegen jedoch zurzeit die Uneinigkeit und die Unfähigkeit zum gemeinsamen Handeln.

Die größte Last der Verantwortung schultern dabei die Staaten und deren politische Führungen. Heutzutage sind aber auch andere Akteure des Weltgeschehens aktiv im Spiel. Das sind Zivilgesellschaften, die Wirtschaft, die Wissenschaft und Religionsgemeinschaften.

Einen weiteren Imperativ in unserer globalisierten Welt würde ich folgendermaßen formulieren: Es gilt, Politik und Ethik zu vereinen. Die Beziehungen zwischen Staaten sollen nicht nur durch das Völkerrecht geregelt werden, sondern auch bestimmten Verhaltensregeln unterliegen.

Regeln, die auf den Grundsätzen der universellen, für alle Menschen allgemeingültigen Werte beruhen. Das sind: Zurückhaltung, Berücksichtigung nicht nur eigener, sondern auch anderer Interessen, die Bereitschaft, in Krisensituationen auf Gespräche und Vermittlung zurückzugreifen. Es steht für mich außer Zweifel, dass auch die Ukraine- und die Syrienkrise hätten vermieden werden können, hätten sich deren unmittelbar Beteiligte von diesen Regeln leiten lassen.

Meines Erachtens bedarf es bestimmter Verhaltensregeln, einer Art Ethik-Kodex, auch für die Medien. Nicht selten muss man beobachten, dass die Medien – statt zu helfen, Konflikte zu verhindern oder beizulegen – direkt daran beteiligt sind, diese zu schüren beziehungsweise anzufeuern.

Zusammenfassend sage ich: Die Erneuerung der weltpolitischen Agenda, die Verbindung von Politik und Ethik sowie Verhaltensregeln in einer globalisierten Welt müssen für Staaten und Zivilgesellschaften in den Mittelpunkt rücken. Gelingt das, wird das gemeinsame Interesse sich durchsetzen und über die national-egoistischen Bestrebungen die Oberhand gewinnen.

Alt: *2012 hat die EU den Friedensnobelpreis erhalten. Heute ist diese EU in einem schlechten Zustand. In Deutschland und Frankreich, in England und Polen, in Ungarn und Tschechien sind die Neonationalisten im Vormarsch. Und kein Gorbatschow weit und breit. Welche Zukunft hat Europa?*

Gorbatschow: Am Kontext Ihrer Frage ist zu sehen, dass auch Sie nicht ganz frei sind von eingefahrenen politischen Sprachregelungen mit ihrer nicht ganz korrekten Wortwahl: Sie fragen nach der Zukunft Europas und meinen dabei offenkundig den Raum innerhalb der Grenzen der Europäischen Union. Nichtsdestotrotz werde ich versuchen, mit meiner Antwort aus diesem Raum hinauszusteuern und auf ganz Europa Kurs zu nehmen. Zuerst aber ein paar Worte darüber, wie ich die EU sehe. In den Sowjetzeiten wurde diese Organisation – als ein weiterer westlicher Verbund anti-sowjetischer Ausrichtung neben der NATO – von der sowjetischen Propaganda mit massiver Kritik überzogen. In den Perestroika-Jahren fingen wir an, uns die EU genauer anzuschauen, und stellten fest, dass eine auf demokratischen Grundsätzen basierende Integration allen Beteiligten guttut und Nutzen bringt. Als wir später in der Sowjetunion an einem völlig neuen Unionsvertrag arbeiteten, um den Staat zu reformieren, warfen unsere Experten häufig einen Blick auf die Institutionen und Mechanismen der EU, um bei Bedarf auf deren Erfahrungen zurückzugreifen. Ich persönlich ging davon aus, dass diese Erfahrung auch beim Aufbau von Groß-Europa von Nutzen sein konnte genauso wie beim Errichten eines gemeinsamen europäischen Hauses. Bald erlebten wir einen, wie es schien, triumphalen Siegeszug der Europäischen Union. Vor ihren Toren hatte sich eine beeindruckend lange Schlange aus Anwärtern gebildet, die ihr beitreten wollten: ost- und mitteleuropäische Länder, dann die baltischen Republiken, die früher der Sowjetunion angehörten. Dann bewarben sich auch andere ehemalige Sowjetrepubliken um die Mitgliedschaft. In kurzer Zeit war die EU aufgegangen wie ein Hefeteig. Sie konnte sich als eines der erfolgreichsten Integrationsprojekte der Weltgeschichte rühmen. Doch gerade da fingen auch Probleme an.

Ich werde darauf nicht näher eingehen, sie sind allgemein bekannt. Das sind die Finanz- und die Schuldenkrise, die zuerst Griechenland und einige andere Länder erfassten, das ist das Migrantenproblem und das sind schlussendlich die zunehmenden Zweifel an der Gerechtigkeit der bestehenden Art der Integration, die im Brexit, dem Austritt Großbritanniens aus der Union, katastrophal gipfelten. Etwas war da schiefgelaufen. Die EU-Führung hatte das Tempo und die Qualität des Erweiterungsprozesses nicht zu Ende gedacht. Auch nicht die Ursachen und Folgen einer explosionsartigen Migration. Die Interessen der ärmeren südeuropäischen Länder wurden nicht ausreichend berücksichtigt, die aufgekommene Anti-EU-Stimmung im Volk unterschätzt.

Doch aus meiner Sicht liegt eine der Hauptursachen der gegenwärtigen misslichen Lage der Europäischen Union darin, dass sie den Aufbau Europas nur vom Westen her betrieben hat. Völlig vernachlässigt wurde die Arbeit an einem akzeptablen Modell der Beziehungen mit Russland und anderen Staaten, die in absehbarer Zukunft der EU nicht beitreten werden. Die EU-Taktik bestand darin, möglichst schnell die »geeigneten« Länder zu »übernehmen«, während die Beziehungen mit Russland in einem unbestimmten, diffusen Zustand verharren sollten. Als Ergebnis einer solchen Entwicklung nahm Russlands Interesse an der Europäischen Union ab. Es wurden Appelle laut, sich anderen, aussichtsreichen Richtungen zuzuwenden. Auch aus den EU-Ländern war immer häufiger zu hören, enge Beziehungen mit Russland seien nicht erwünscht. Das ging einher mit der Kritik an Russland – mal begründet, mal aus rein propagandistischen Beweggründen. Es wurde unter anderem behauptet, Russland sei zu einer demokratischen Lebensweise grundsätzlich nicht fähig.

Gegen derartige pauschale Vorwürfe habe ich öffentlich Stellung bezogen. Ich äußerte dabei die Vermutung, dass es in Westeuropa wohl einflussreiche Kräfte geben dürfte, die meinen, man solle Russland möglichst lange in einem »halberwürgten« Zustand halten. Wenn es so weitergeht, ist Europas Zukunft traurig. Ich appelliere sowohl an unsere westlichen Partner als auch an die russische Führung, über alles sorgfältig nachzudenken und die Suche nach Wegen zur Partnerschaft energisch wiederaufzunehmen.

Russland soll eine umfangreiche Zusammenarbeit mit China und anderen BRICS-Staaten sowie Ländern aus allen Regionen der Welt betreiben, was es auch bereits tut. Dennoch würde ich Russlands historisch bedingtes Bekenntnis zu Europa nicht infrage stellen. Zumal im Endeffekt Groß-Europa und Nordamerika sich das Ziel setzen sollten, eine transkontinentale Gemeinschaft zu bilden. Eine Partnerschaft, die sich über einen riesigen Raum erstrecken würde, als Sicherheits- und Kooperationsgürtel von Vancouver bis Wladiwostok. Eine schwierige Aufgabe, jedoch eine machbare. Da bin ich zuversichtlich.

Alt: *Was kann Russland tun und was Deutschland, damit unsere beiden Nationen nicht nur kurzfristig, son-*

dern langfristig und für immer Freunde werden – vielleicht so wie Franzosen und Deutsche?

Gorbatschow: Zuerst möchte ich betonen, dass unsere Länder und Völker auf eine lange Geschichte gegenseitiger Beziehungen zurückblicken. Sie zählt Jahrhunderte. Der überwiegende Teil dieser Geschichte war von guter Nachbarschaft geprägt. Dabei geht es nicht nur um den wirtschaftlichen Austausch, um den Handel. Man denke auch an die verwandtschaftlichen Verflechtungen der russischen und deutschen Monarchen. Doch in die russisch-deutschen Beziehungen waren auch einfache Menschen einbezogen. Nicht von ungefähr heißt sogar eine ganze Volksgruppe Russlanddeutsche!

Selbstverständlich haben wir nicht vergessen, dass es in unserer Geschichte auch dunkle, ja tragische Kapitel gab. Anfang des 20. Jahrhunderts standen sich unsere Völker als Gegner im Ersten Weltkrieg gegenüber, der ganz Europa tiefste Wunden zugefügt hat.

In dem von Hitler entfesselten Zweiten Weltkrieg – für uns ist er zum Vaterländischen Krieg geworden – haben wir gemeinsam mit unseren Verbündeten einen Sieg errungen, jedoch um den Preis gigantischer, noch nie dagewesener Verluste. Unsere Städte und Dörfer lagen in Trümmern. In den ersten Nachkriegsjahren dachte man, Russland und Deutschland würden niemals zu normalen Beziehungen zurückkehren. Doch es kam anders.

Langsam bahnten sich erste Kontakte an – zuerst mit der DDR. Nach einer gewissen Zeit auch mit Westdeutschland. Bundeskanzler Konrad

Adenauer kam zu einem offiziellen Besuch nach Moskau (die Amerikaner fanden das damals gar nicht so gut), wonach zwischen uns diplomatische Beziehungen aufgenommen wurden. Es entwickelten sich rasch wirtschaftliche Kontakte: Anfang des 21. Jahrhunderts waren 6.200 deutsche Unternehmen in Russland tätig. Kontakte in Kultur- und Bildungsbereichen wurden geknüpft und gepflegt. Es kam zum Studentenaustausch. Städte schlossen Partnerschaften miteinander (heute gibt es an die 100 Partnerstädte). Menschen schlossen Ehen. Es entstanden russisch-deutsche Familien. Die Neue Ostpolitik von Willy Brandt, Walter Scheel und Hans-Dietrich Genscher verhalf unseren Ländern zu mehr Annäherung. Die Sowjetunion und die Bundesrepublik Deutschland unterzeichneten gemeinsam mit den anderen europäischen Ländern sowie mit den USA und Kanada die Schlussakte von Helsinki.

Dann nahm die Sowjetunion tiefgreifende Reformen in Angriff. Das war die Zeit von Perestroika und Glasnost. Neben den innenpolitischen Reformen vollzogen wir eine radikale Wende in unserer Außenpolitik. Gemeinsam mit den USA erklärten wir, dass ein Atomkrieg unzulässig ist, dass es dabei keinen Sieger geben kann. Gemeinsam beendeten wir den Kalten Krieg. Dadurch eröffnete sich die Möglichkeit für eine friedliche Wiedervereinigung Deutschlands. Zwischen den führenden sowjetischen und deutschen Politikern entstand allmählich Vertrauen – der wichtigste Faktor in der Weltpolitik. Die Bewegung in Richtung Einheit nahm gewaltig an Fahrt auf, als Menschen auf die Straße gingen mit der Devise »Wir sind ein Volk!«. Die Berliner Mauer, das Symbol für die Spaltung der Welt schlechthin, fiel. Deutschland war wiedervereint. Im November 1990 wurde der Große Vertrag, der den Ausbau der russisch-deutschen Beziehungen in allen Schlüsselbereichen vorsah, unterzeichnet. Er gilt übrigens auch heute noch.

Fasst man das Geschehene so kurz zusammen, kann der Eindruck entstehen, alles sei so reibungslos, so mühelos gelaufen.

Doch so war es nicht. Die Entwicklung, an der wir beteiligt waren, war ein äußerst komplizierter und komplexer Prozess. In seinem Verlauf kam es hin und wieder zu ernsthaften Unstimmigkeiten und Auseinandersetzungen. Es waren die Bereitschaft der Deutschen und der Russen, gute nachbarschaftliche Beziehungen wiederherzustellen, sowie der politische Wille der führenden Politiker, die es letztendlich ermöglichten, für beide Seiten akzeptable Lösungen zu finden.

Die Russen und die Deutschen können zu Recht stolz darauf sein, es nach einer so tragischen Vergangenheit voller Blutvergießen geschafft zu haben, aufeinander zuzugehen. Darin fanden ihre hohen moralischen Qualitäten ihren Ausdruck. Gemeinsam haben unsere Völker viel geleistet und viel erreicht. Die Zusammenarbeit hat unsere beiden Länder vorangebracht. Unsere Beziehungen sind ein unschätzbares Kapital, das wir nicht verspielen dürfen. Ganz im Gegenteil: Gerade jetzt, da wir keine einfachen Zeiten erleben, sollte man alles daransetzen, um es zu bewahren und zu mehren.

Ich bin zuversichtlich, dass nicht nur Berufspolitiker dazu einen großen Beitrag leisten können, sondern auch Nichtregierungsorganisationen wie das deutsch-russische Forum »Der Petersburger Dialog«, Städtepartnerschaften, die Zivilgesellschaft als Ganzes. Die Geschichte lehrt uns: Ziehen die Russen und die Deutschen an einem Strang, profitieren beide davon. Und alle anderen Europäer ebenfalls.

Alt: *Eines der größten Probleme unserer Zeit besteht darin, dass global die reichsten 62 Menschen über mehr Vermögen verfügen als die ärmere Hälfte der gesamten Menschheit. Wie können wir das Denken des Maximalprofits im real existierenden Kapitalismus überwinden und eine Politik des Gemeinwohls organisieren?*

Gorbatschow: Ja, Armut und Rückständigkeit sind nicht einfach nur ein ernstes Problem. Sie sind eine der gefährlichsten globalen Herausforderungen, mit denen die Menschheit heutzutage konfrontiert ist. Mehr noch: In Armut wurzeln praktisch alle globalen Probleme: Umweltverschmutzung, mangelnde Sicherheit, wirtschaftliche Instabilität, Terrorismus, soziale Ausgrenzung, explosionsartige Migration und viele andere negative Aspekte der Globalisierung.

Was Armut ist, weiß ich nicht nur aus Büchern und Nachrichten. Als kleines Kind erlebte ich einmal eine Dürre in meiner Heimatregion. In der Familie meines Großvaters Andrej verhungerten damals drei Kinder.

Ich habe mich intensiv mit dem Problem Armut befasst und es mit Fachleuten diskutiert. Ich bin mir sicher, Armut ist ein politisches Problem. Um einer Lösung näher zu kommen, braucht es den politischen Willen. Eine Zeit lang hatte man den Eindruck, man sei bereit, einen solchen Willen tatsächlich an den Tag zu legen. Die Ausrottung von Armut und Hungersnot wurde als Nummer Eins der im Jahr 2000 von der Weltgemeinschaft beschlossenen sogenannten Jahrtausendziele (Millenniumsentwicklungsziele) eingestuft. Bis 2015 sollte die Anzahl der Armen und Hungernden (im Vergleich zu 1990) halbiert werden. Hier konnten reale Erfolge verbucht werden. Der Anteil der Menschen, die von 1,25 Dollar pro Tag leben, ging bis 2013 von 47 Prozent der Weltbevölkerung auf 22 Prozent zurück. Solcher Erfolg macht Hoffnung. Dennoch bleibt auch heutzutage jeder Fünfte bettelarm. Indes sind neue besorgniserregende Tendenzen zu verzeichnen.

Viele der konkreten Verpflichtungen, die die Teilnehmer des Millennium-Weltgipfels übernommen hatten, blieben nur fromme Wünsche. Beispielsweise war beschlossen worden, 0,7 Prozent des BIP für die Entwicklungshilfe bereitzustellen. Diese Verpflichtung wird nicht eingehalten. Genauso wenig wie die Verpflichtung, gerechte Handelsbedingungen für die Entwicklungsländer zu schaffen, ihnen Zugang zu den Märkten zu ermöglichen und sie steuerlich zu entlasten. Dabei sind es Maßnahmen, die einen realen, von Experten anerkannten und in der Praxis bewährten Weg zur Überwindung der Armut darstellen. An Ressourcen dafür mangelt es auf der Welt nicht. Woran mangelt es dann? Auf die Gefahr hin, dass ich mich wiederhole: am politischen Willen!

Wird ein Problem nicht gelöst, wird es sich noch weiter verschlimmern. Neulich wurden Zahlen veröffentlicht, denen zufolge ein Prozent der

Weltbevölkerung mehr Vermögen besitzt als die restlichen 99 Prozent. Eine derart drastische Konzentration an Vermögen in den Händen einiger weniger Personen untergräbt die Demokratie, stellt den Zusammenhalt der Gesellschaft infrage, durchkreuzt jegliche Perspektive auf gleiche Chancen für alle. Die Massenarmut bremst ihrerseits die wirtschaftliche Entwicklung, verursacht Instabilität, fördert und begünstigt Kriminalität und Terrorismus, führt in letzter Zeit zur explosionsartigen Migration.

An dieser Stelle halte ich es für geboten, das Verhältnis von Wirtschaft und Ethik anzusprechen. Das ist keine einfache Frage. Selbstverständlich kann ein Geschäft nicht ohne Gewinn funktionieren. Muss man aber deshalb dem Standpunkt zustimmen, die einzige moralische Pflicht eines Unternehmers bestehe darin, den Gewinn zu sichern? Ergäbe sich doch daraus zwangsläufig gleich im nächsten Schritt die Parole »Profit um jeden Preis!« Großunternehmen greifen immer öfter auf intransparente, für jegliche öffentliche Kontrolle unzugängliche Geschäftsmodelle zurück. Die Amoralität hat hier äußerst schlimme Folgen.

Nach meiner Überzeugung soll die moderne Weltwirtschaft viel stärker an den gesellschaftlichen Bedürfnissen ausgerichtet sein. Das ist in erster Linie das Bedürfnis nach einer gesunden Umwelt und einer funktionstüchtigen Infrastruktur. Das Bedürfnis nach einem hochwertigen Bildungs- und Gesundheitssystem, nach erschwinglichem Wohnraum.

Alt: *Die Geschichte lehrt uns, dass dauerhafte positive Veränderungen nur durch Gewaltfreiheit zu erreichen* *sind. Das lehrt auch der Dalai Lama und das schlägt Papst Franziskus in seiner Öko-Enzyklika »Laudato Si« vor. Der Papst sagt auch: »Diese Wirtschaft tötet«. Er meint den herrschenden Finanzkapitalismus. Wie schaffen wir eine bessere Welt ohne Gewalt?*

Gorbatschow: Verzicht auf Gewalt ist für mich eine der Grundlagen einer neuen, humanistischen Zivilisation, die die besten Köpfe der Menschheit anstrebten und anstreben. Schon 1986, in der Frühphase der Perestroika, habe ich mit dem indischen Premier Rajiv Gandhi ein außerordentlich wichtiges Dokument unterzeichnet: die Erklärung von Delhi. Eine ihrer Schlüsselaussagen lautete: »Gewaltfreiheit soll die Lebensgrundlage der menschlichen Gemeinschaft sein«. Dies trug unter anderem auch unserer Überzeugung Rechnung, dass die Zeit reif ist, die uralte Kluft zwischen Politik und Moral zu überwinden. Ich halte das Prinzip der Gewaltfreiheit für universell. Der bekannte japanische Philosoph und gesellschaftliche Aktivist Daisaku Ikeda äußerte einmal in einem Gespräch mit mir den Gedanken, dass Freiheit und Demokratie nur unter Verzicht auf Gewalt sich wahrhaftig entfalten und an Lebenskraft gewinnen können. Wenn ich einige Geschehnisse der letzten Jahre beobachte und analysiere, muss ich ihm recht geben. Der Versuch, den Segen der Demokratie mit Waffengewalt aufzuzwingen, löste und löst eine abstoßende Reaktion aus.

Heute steht die Welt am Scheideweg. Ich wiederhole hier das, was ich bei der Jahrtausendwende gesagt habe: »Das 21. Jahrhundert wird entweder ein Jahrhundert der totalen Zuspitzung einer todbringenden Krise oder ein Jahrhundert der moralischen Reinigung und der geistigen Genesung der Menschheit, ihrer allumfassenden Renaissance«.

Wir alle, die politischen Kräfte der Vernunft, alle geistigen Ideenströmungen, alle Konfessionen, die Zivilgesellschaft insgesamt, sind verpflichtet, große Anstrengungen zu unternehmen, um den Übergang zu einer Welt mit mehr Solidarität, mehr Gerechtigkeit, mehr Menschlichkeit voranzutreiben.

Alt: *Warum ist die Mehrheit des russischen Volkes und der russischen Wähler Ihrer Politik nicht gefolgt? War die Zeit noch nicht reif für Glasnost und Perestroika?*

Gorbatschow: Ich möchte hier nur auf eine Feststellung von Archie Brown verweisen, einem exzellenten Russlandkenner und Oxford-Professor. In seinem Buch *Der Gorbatschow-Faktor* schreibt er: »Tatsächlich war Gorbatschow, anders als viele westliche Kommentatoren und Gorbatschows politische Feinde in Rußland oft behaupten, noch immer die am höchsten geachtete und populärste Figur in der Sowjetunion, selbst fünf Jahre nachdem er Generalsekretär geworden war.«

Ich kann da nur hinzufügen, dass ich seit einem Vierteljahrhundert Briefe bekomme, eine Menge Briefe, aus allen Ecken Russlands, aus Städten und Dörfern, mit Worten der Unterstützung, Anerkennung und Dankbarkeit dafür, dass ich mich gemeinsam mit meinen Gesinnungsgenossen dazu entschlossen hatte, das Projekt Perestroika anzugehen, für den Schluck Freiheit, für die Glasnost, Transparenz und Meinungsfreiheit, für die Befreiung von der quälenden Angst vor einer

Nuklearkatastrophe. Die meisten dieser Briefe sind so ernsthaft, so ehrlich und so inhaltlich bedeutsam, dass ich einige von ihnen in mein vor Kurzem erschienenes Buch *Das neue Russland* aufgenommen habe. Sie können sie dort nachlesen.

Unter denen, die die Perestroika und Gorbatschow kritisierten und immer noch kritisieren, gibt es nicht weniger ernst zu nehmende und ehrliche Menschen. Sie argumentieren damit, dass die Perestroika abbrach, ohne zu Ende geführt worden zu sein. Das heißt, etwas müsse ja schiefgelaufen sein. Und da haben sie recht. Warum kam es denn zu diesem jähen Ende? Die Perestroika wurde von den ihr feindlich gesinnten und sie bekämpfenden politischen Kräften gesprengt. Als die Nomenklatura, die die Perestroika ständig behindert hatte, merkte, dass sie politisch nicht gewinnen konnte, hat sie geputscht. Zeitgleich nahm der radikale Flügel der Liberalen die Perestroika von der anderen Seite unter Beschuss. Mit zunehmenden wirtschaftlichen Problemen fanden die radikalen Ideen auch in der Bevölkerung immer mehr Anklang. Die Anführer der Radikalen lockten die Menschen mit populistischen Versprechungen. Der Ausgang ist bekannt: Die Perestroika war auf einen Schlag zu Ende, die Sowjetunion, mit deren Reform wir begonnen hatten, war zerschlagen, und die Versprechungen der Radikalen mündeten in der »Schocktherapie« und Massenarmut.

Die Perestroika brach ab, aber sie ging nicht spurlos vorüber. Keiner der ernst zu nehmenden Kritiker, die meinen, dieses und jenes hätte man anders machen sollen oder müssen, behauptet, sie habe zum falschen Zeitpunkt stattgefunden oder man hätte sich gar nicht darauf einlassen sollen. Das in den Jahren der Perestroika Geleistete und Erreichte hat unumkehrbare Folgen hinterlassen. Die Rückkehr in die Vergangenheit ist nicht möglich. Die Errungenschaften der Perestroika, allen voran die gewonnene Freiheit, sind unabdingbarer Bestandteil unserer Gesellschaft geworden. Als unvergänglich erweisen sich auch ihre Ergebnisse auf der weltpolitischen Bühne. Das kann niemand ungeschehen machen.

Was die Kritik an den Fehlern betrifft, die wir selbst begangen haben, – nun, sie ist legitim.

Alt: *Sehen Sie einen »Dritten Weg« zwischen Kommunismus und Kapitalismus in einer sozial-ökologisch orientierten Marktwirtschaft?*

Gorbatschow: Ich glaube nicht, dass man da von einem »Dritten Weg« reden kann. Allein deswegen nicht, weil das kommunistische Wirtschaftsmodell nie und nirgendwo umgesetzt wurde. Es ist eine Utopie geblieben. Das, was in Russland nach 1917 geschah, war von den erklärten kommunistischen Idealen meilenweit entfernt: zuerst der Kriegskommunismus, dann die sogenannte Neue Ökonomische Politik (russ. NEP), dann die Plan-und-Kommando-Wirtschaft, die nur in Krisen- und Kriegszeiten funktionierte, allerdings ohne jede Rücksicht auf Kosten und menschliche Verluste, während sie in friedlichen Zeiten nicht fähig war, die elementarsten Bedürfnisse der Menschen zu befriedigen.

Was man jetzt braucht, ist die Suche nach neuen treibenden Kräften und neuen Anreizen für die wirtschaftliche Entwicklung. Ein Wirtschaftssystem, das nur an Profit und Konsum ausgerichtet ist, hat sich erschöpft. Die Wirtschaft muss auf solche gesellschaftlichen Güter umgelenkt werden wie Nachhaltigkeit in der Umweltpolitik, die Gesundheitsfürsorge in weitem Sinne, Bildung, Kultur, Chancengleichheit, den gesellschaftlichen Schulterschluss, darunter auch die Beseitigung des zum Himmel schreienden Gefälles zwischen Reichtum und Elend. Die ethische Komponente dieses Wirtschaftsmodells ist wohl nicht zu übersehen.

All das wird natürlich politischer Voraussetzungen bedürfen, der Rückkehr zum Neuen Denken.

Alt: *Wie findet das Öl- und Gas-Land Russland den Weg zu 100 Prozent erneuerbarer Energie, den wir gehen müssen, um den Klimawandel noch zu stoppen?*

Gorbatschow: Das ist eine brisante Frage, und sie trifft einen wunden Punkt. Nicht nur oppositionelle gesellschaftliche Aktivisten, sondern auch regierungsnahe Experten räumten in den letzten Jahren mehrmals öffentlich und auch nicht öffentlich ein, die Lage sei schlimm. Russland müsse weg von der Öl- und Gasabhängigkeit. Die Wirtschaftskrise, begleitet vom Preisverfall bei diesen Kohlenwasserstoffen, machte gnadenlos deutlich, dass der gewohnte Weg in die Sackgasse führt. Doch wie kommt man aus der Sackgasse wieder heraus? Soll man da kehrtmachen und zurückmarschieren? Nein, das wird nicht funktionieren. Das einzige Heilmittel sind tiefgreifende Reformen. Nur durch Reformen können die perspektivlosen Energieträger durch moderne, erneuerbare Energien abgelöst werden.

Die Notwendigkeit von Veränderungen ist in Russland überall schmerzlich spürbar. Schlimm ist, dass die in den letzten zwei Jahrzehnten vorgenommenen Reformversuche nicht zu Ende geführt wurden. Das von Dmitrij Medwedew, damals Staatspräsident, programmatisch ausgerufene Ziel der Modernisierung geriet in Vergessenheit. Politik in der Sackgasse, Stagnation in der Wirtschaft, Anhäufung ungelöster sozialer Probleme, Beschneidung der Rechte der Bürger – all das erinnert an die Atmosphäre vor der Perestroika. Das sind eine Situation und eine Stimmung, die die Staatsführung nicht unbedingt dazu animieren würden, sich ausgerechnet über das Klima Gedanken zu machen. Dabei können wir unsere eigene Erfahrung mit bedeutsamen Erfolgen im Umweltschutz vorweisen. Man denke zum Beispiel daran, dass bereits zu Beginn der Perestroika Dutzende Industriebetriebe, die die Umwelt verschmutzten, auf Forderung der Bürger geschlossen wurden.

Russland und die anderen Länder müssen in diesem Bereich alles tun, was in ihrer Macht steht. Doch einen echten Durchbruch bei der Bekämpfung des gefährlichen Klimawandels können wir nur dann erreichen, wenn wir unsere Anstrengungen vereinen.

Alt: *Bei unserem letzten Interview haben Sie erklärt, warum Sie das »Internationale Grüne Kreuz« mitgegründet haben. Weltweit organisieren sich heute Umwelt- und soziale Gruppen aus der Bürgergesellschaft. Sehen Sie darin erfolgreiche Ansätze für Neues Denken und Neues Handeln heute und in der Zukunft?*

Gorbatschow: Ja, zweifellos. Ich bin auch zuversichtlich, dass die Zivilgesellschaft eine immer größere Rolle spielen wird. Ich habe auf die Zivilgesellschaft gesetzt, als dieses Wort in Russland noch gar nicht gängig war. Vor 30 Jahren haben wir in der UdSSR mit Reformen angefangen, deren Wesen darin bestand, das totalitäre System zu überwinden. Wir sollten zur Freiheit und Demokratie übergehen. Und wir setzten dabei vor allem darauf, dass die Sowjetbürger, nachdem sie die Freiheit gewonnen hatten, die Reformen kreativ und voller Elan mittragen und voranbringen würden. Es war eigentlich mein Credo: die Gesellschaft frei, human und demokratisch zu machen, indem man nicht die Machthebel einsetzt, sondern sich auf die Einsicht, die Mitwirkung und das Engagement der Menschen stützt. Im Zuge dieses Engagements würden die Menschen zu wahrhaftig mündigen Bürgern, fähig, sich den Versuchen zahlreicher ungebetener »Hirten« zu widersetzen, sie zu einer gehorsamen, zahmen Herde zu machen. Fürwahr ist das Land damals wieder zum Leben erwacht! Man denke nur an die Debatten bei Volksdeputiertenkongressen zurück oder an die Kundgebungen, zu denen Menschen zu Hunderttausenden erschienen. Nachdem der Perestroika ein jähes Ende bereitet wurde, nahm das öffentliche Engagement ab. Heute sind davon nur ab und an vereinzelte Wellen auf der sonst stillen See zu beobachten. Doch ich bin mir sicher: Die Bürger werden wieder aktiv, sobald sich die erste Gelegenheit bietet, einen realen Einfluss auf die Politik und das Leben in der Gesellschaft zu nehmen. Wir setzten es uns ja damals ausdrücklich zum Ziel, die Entfremdung zwischen Mensch und Politik zu überwinden. Glasnost machte es möglich, einen offenen Dialog zwischen dem Staat und der Gesellschaft herzustellen. Diskutiert wurde alles, auch die brisantesten und heikelsten Probleme. Die Abschaffung der Zensur und der Verzicht des Staates auf Druckausübung und Einflussnahme auf die Medien trugen dazu erheblich bei.

Aufmerksam studierten und beobachteten wir auch die Erfahrungen anderer Länder. Was zeichnete denn die Länder aus, in denen die Demokratie verfestigt und effizient war und die ihren Bürgern ein Leben in Würde und ein dauerhaftes Wirtschaftswachstum sicherten? So unterschiedlich diese Länder auch waren, sie wiesen zwei Gemeinsamkeiten auf: einen starken Staat und eine hoch entwickelte Zivilgesellschaft.

Alt: *Was ist die Summe Ihrer persönlichen und politischen Erfahrungen? Was können wir daraus für die Zukunft lernen?*

Gorbatschow: Ich sage etwas, von dem ich auch heute noch fest überzeugt bin: Die höchsten Güter, wenn es um gesellschaftlich-politische Werte geht, waren und bleiben für mich Freiheit, Gleichheit, Gerechtigkeit und Solidarität. Sie würden einwenden, es sei nicht originell. Stimmt. Diese Werte predigten viele, die für die Würde und die Befreiung der Menschen kämpften. Und mein Leben, mittlerweile ein langes Leben, hat mich überzeugt: Bist du ein Mensch, ist es deine Pflicht, für diese Werte einzustehen.

Bei allem Respekt und aller Wertschätzung, die ich den nationalen Interessen, nationalen

Besonderheiten und nationalen Kulturen zolle, wäre ich glücklich, wenn uns allen und jedem Einzelnen von uns in der heutigen Welt, die immer globalisierter wird, eins bewusst würde: Wir leben auf EINEM Planeten, und wir sind EINE Menschheit. Es gibt zwei Wege zu dieser Einsicht zu gelangen und entsprechend zu handeln – entweder durch Vernunft oder durch die Angst vor einer unvermeidlichen Katastrophe, wenn die Menschheit tatsächlich am Abgrund steht. Geht man den zweiten Weg, so läuft man Gefahr, es im allerletzten Moment doch nicht mehr zu schaffen, zurückzutreten. Ich glaube fest daran, dass meine Mitbewohner des Planeten Erde genug Kraft aufbringen werden, sich für den ersten Weg zu entscheiden.

Ich halte mich für einen Optimisten. Ich glaube, Pessimist zu sein heißt, den Lebenssinn verloren zu haben.

Aber eigentlich mag ich solche Fragen nicht. Ich weiß noch, wie ich einmal zu einem Journalisten sagte: »Wenn man Fragen nach Lebensweisheiten hört, denkt man sich sofort: Es geht bergab, bald ist es wohl vorbei.«

Die Gorbi-Story

Michail Sergejewitsch Gorbatschow gehört zu den bedeutendsten politischen Persönlichkeiten des 20. Jahrhunderts. Sein Mut war es, der die damals größte Bedrohung der gesamten Menschheit überwunden hat: das atomare Wettrüsten und einen möglichen Atomkrieg in Europa. Anfang der 1980er-Jahre hingen in US-Reisebüros Plakate mit der Aufschrift: »Besuchen Sie Europa, solange es noch steht«. Ost und West standen sich bis an die Zähne bewaffnet gegenüber und konnten sich mehr als 30 Mal gegenseitig atomar vernichten. Diese Politik war nicht nur absurd, sie war obszön und verbrecherisch. Erst nach dieser jederzeit denkbaren atomaren Selbstmordpolitik war der Fall der Berliner Mauer möglich und die deutsche Einheit erhielt erstmals nach 1945 eine realistische Chance. *Der Spiegel* nannte damals die deutsche Wiedervereinigung ein »Wunder«.

Deutschlands Einheit war jedoch kein Wunder, sondern primär der politischen Klugheit und dem persönlichen Mut eines einzigen Ehepaares zu verdanken: Michail und Raissa Gorbatschow. Sie haben im Kampf gegen Millionen Funktionäre und Günstlinge des alten Sowjetsystems ihr Leben riskiert.

Als ich 1996 in einem Fernsehinterview Michail Gorbatschow fragte, woher er die Kraft für seinen

Kampf der atomaren Abrüstung, für Freiheit, das Selbstbestimmungsrecht der Völker, für Glasnost, Perestroika und »Neues Denken« nahm, lachte er, deutete auf seine Frau Raissa Maximowna Gorbatschowa, die hinter der Kamera stand, und sagte: »Sie hat mir die Kraft gegeben.« Sie lächelte zurück.

Die Gorbatschows waren das erfolgreichste und vielleicht innigste politische Liebespaar des 20. Jahrhunderts. Ihre Liebe strahlte auf seine Politik aus.

Fünfmal konnte ich Michail Gorbatschow treffen und interviewen. Zu meinem 70. Geburtstag schrieb er mir einen Satz, der sehr viel über ihn selbst aussagt – kurz zuvor war er in meiner Fernsehsendung »Querdenker« zu Gast: »Man sagt Ihnen nach, Sie seien ein unbequemer Mensch, ein Querdenker eben. Ich bin jedoch davon überzeugt, dass es gerade die Unbequemen sind, die unser Leben voranbringen. Wir sind Gleichgesinnte, weil Umwelt, Abrüstung, Menschenrechte und Zukunftsthemen Ihre Hauptthemen sind.«

Was hat der jetzt 85-Jährige uns heute im 21. Jahrhundert zu sagen? Was kann die Welt von ihm lernen? Wie kommen wir heute von seinem Neuen Denken zu Neuem Handeln? Seine Antworten auf meine Fragen in diesem Buch sind eine neue Botschaft für eine bessere Welt von morgen – in einer Zeit, in der die Weltpolitik nahezu ohne Regeln agiert, ein Kalter Krieg wieder möglich scheint und ein Heißer Krieg nicht ausgeschlossen werden kann. Gorbatschow ist auch seit vielen Jahren mit dem Dalai Lama befreundet, der den erfolgreichen Startschuss zu dieser »Appell-Reihe« im Benevento-Verlag gab.

Unsere Zeit braucht – wie jede Zeit – Helden. Menschen, die über ihre Grenzen hinausgehen, das Limit des normalerweise Möglichen überschreiten. Michail Gorbatschow ist ein Vorbild an Mut, Tatkraft und Entschlossenheit. Nur deshalb wurde er zum Überwinder des Kalten Krieges und eines möglichen Atomkriegs in Europa. Seine Antriebskraft war nicht der Applaus seiner Landsleute, sondern eine tiefe innere Ergriffenheit von der Freiheitsliebe eines jeden Menschen. Der Friedensnobelpreisträger gehört zur Avantgarde des Guten, weil er auch um das Böse in uns Menschen wusste und weiß.

Gorbis Worte haben die Welt nicht nur bewegt, sondern auch zum Besseren verändert. Er praktizierte als erster Weltpolitiker im 20. Jahrhundert eine Politik mit Herz und Verstand, eine gewaltfreie Weltpolitik und Abrüstungspolitik. Das wollen ihm viele Polit-Machos bis heute nicht verzeihen. Nicht die regierenden Christen im

Westen wie Kohl, Schmidt, Reagan, Thatcher oder Mitterrand, sondern der Kommunist Gorbatschow hat die Welt vor der Gefahr eines Atomkriegs gerettet. Er praktizierte eine Politik im Geiste der Bergpredigt.

Das Heldenhafte ist seit Langem unter die Räuber gefallen. Patriarchen und Machos haben die Welt beherrscht. Dieses kleine Buch zeigt, wodurch ein Mann, auch und gerade ein homo politicus, wirklich groß sein kann. Die heutige Welt braucht echte Vorbilder, wirkliche Helden, mutige Männer und Frauen. Gorbi fand nicht nur wichtige Worte, er tat richtige und erstaunliche Dinge – er war und ist bis heute ein Friedensarbeiter und ein Mann der Liebe, ein Mann mit Herz und Verstand. Seine Taten sind so wichtig wie seine Worte.

Er kämpfte und kämpft für eine friedlichere, gerechtere, ökologische und menschlichere Welt. Das »atomare Gleichgewicht des Schreckens« wollte er in ein »Gleichgewicht der Vernunft« transformieren. Das ist noch heute der Auftrag unserer Zeit. Dieser »Appell an die Welt« ist ein Weckruf, von nationalstaatlichem Denken und Egoismus endlich Abschied zu nehmen und das »gemeinsame Haus Europa« zu bauen.

Neues Denken im Geiste Michail Gorbatschows ist immer offen für neue Fragen. Im Zeitalter der Globalisierung brauchen wir eine »globale Perestroika«, eine »globale Glasnost«, und »globales Neues Denken und Handeln«. Kooperation statt Konfrontation.

Baden-Baden, im November 2016
Franz Alt

Michail Gorbatschow
Lebensdaten

Michail Sergejewitsch Gorbatschow wurde am 2. März 1931 in Priwolnoje, Russland, geboren. Er ist Sohn eines russischen Vaters und einer ukrainischen Mutter. Seine Eltern waren Bauern. Die erste Berufserfahrung machte der junge Michail als Mähdrescherfahrer. Nach dem Jurastudium an der Moskauer Lomonosow-Universität absolvierte er ein Zweitstudium am Agrarinstitut in Stawropol.

1952 wurde Gorbatschow Mitglied der Kommunistischen Partei der Sowjetunion, KPdSU. Seit 1980 war er Mitglied im Politbüro. 1985 wurde er Generalsekretär des Zentralkomitees der KPdSU und damit Nachfolger von Konstantin Tschernenko.

1990 übernahm Gorbatschow das Amt des Staatspräsidenten. Von diesem Amt trat er im Dezember 1991 zurück und gründete in Moskau die »International Foundation for Socio-Economic and Political Studies«, die Gorbatschow-Stiftung.

1990 erhielt er den Friedensnobelpreis.

Gorbi war mit Raissa Maximowna Gorbatschowa von 1953 bis zu ihrem plötzlichen Tod 1999 verheiratet. Mit seiner Politik von Perestroika (Umgestaltung) und Glasnost (Transparenz und Meinungsfreiheit) läutete Michail Gorbatschow das Ende des Kalten Krieges zwischen Ost und West ein. Seine Philosophie des Neuen Denkens förderte fundamentale Veränderungen in der internationalen Politik. Im Angesicht von Umweltzerstörungen, zahlreicher lokaler Krisenherde, Kriegen und schreiender globaler Ungerechtigkeit fordert Gorbatschow in diesem Buch einen Abschied von nationalstaatlichem Denken sowie von der Fixierung auf politische Blöcke und Regionen. Er fordert energisch, endlich an »unserem gemeinsamen Haus« zu bauen, anstatt es zu zerstören.

Dr. Franz Alt

Fernsehjournalist und Bestsellerautor

Geboren 1938 in Untergrombach, heute Bruchsal, Deutschland. Studierte Politische Wissenschaft, Geschichte, Theologie und Philosophie. Er promovierte 1967 über Konrad Adenauer. 35 Jahre lang war er Redakteur, Reporter und Moderator (Report Baden-Baden, »Zeitsprung« und »Querdenker«) beim Ersten Deutschen Fernsehen.

Seine Bücher zu politischen, ökologischen und spirituellen Themen sind in 16 Sprachen übersetzt und erreichen eine Auflage von über drei Millionen.

Auszeichnungen: Goldene Kamera, Bambi, Adolf-Grimme-Preis, Deutscher und Europäischer Solarpreis, Menschenrechts-Award, Umweltpreis der Deutschen Wirtschaft, German Speakers »Hall of Fame«, Außergewöhnlichster Redner Deutschlands 2011.

Franz Alt hält weltweit Vorträge und schreibt für 40 Zeitungen und Magazine.

Mehr Infos: *www.sonnenseite.com*
E-Mail: *franzalt@sonnenseite.com*

Literatur

Alt, Franz: *Frieden ist möglich – Die Politik der Bergpredigt*. München 1985

Alt, Franz: *Die Sonne schickt uns keine Rechnung*. München 2013

Alt, Franz: *Auf der Sonnenseite – Wie uns die Energiewende zu Gewinnern macht*. München 2015

Alt, Franz: *Flüchtling – Jesus, der Dalai Lama und andere Vertriebene*. Gütersloh 2016

Brown, Archie: *Der Gorbatschow-Faktor. Wandel einer Weltmacht*. Berlin 2000, S. 28

Dalai Lama, Franz Alt: *Der Appell des Dalai Lama an die Welt: Ethik ist wichtiger als Religion*. Salzburg 2015

Gorbatschow, Michail: *Das neue Russland. Der Umbruch und das System Putin*. Köln 2015.